Finanças para iniciantes

Harvard Business Review Press

SUA CARREIRA EM 20 MINUTOS

Finanças para iniciantes

EXTANTE

Título original: *Finance Basics [HBR 20-Minute Manager Series]*
Copyright © 2014 por Harvard Business School Publishing Corporation
Copyright da tradução © 2023 por GMT Editores Ltda.
Publicado mediante acordo com a Harvard Business Review Press.

Todos os direitos reservados. Nenhuma parte deste livro pode
ser utilizada ou reproduzida sob quaisquer meios existentes
sem autorização por escrito dos editores.

TRADUÇÃO:	Isa Mara Lando
PREPARO DE ORIGINAIS:	Raïtsa Leal
REVISÃO:	Luis Américo Costa e Sheila Louzada
DIAGRAMAÇÃO:	Gustavo Cardozo
CAPA:	Rodrigo Rodrigues
IMPRESSÃO E ACABAMENTO:	Lis Gráfica e Editora Ltda.

CIP-BRASIL. CATALOGAÇÃO NA PUBLICAÇÃO
SINDICATO NACIONAL DOS EDITORES DE LIVROS, RJ

F529

Finanças para iniciantes / Harvard Business Review Press ;
[tradução Isa Mara Lando]. - 1. ed. - Rio de Janeiro : Sextante, 2023.
128 p. ; 18 cm. (Sua Carreira em 20 Minutos)

Tradução de: Finance basics
ISBN 978-65-5564-736-5

1. Administração financeira. 2. Corporações - Finanças. I.
Harvard Business Review Press. II. Lando, Isa Mara. III. Série.

23-85332
CDD: 658.15
CDU: 658.15

Gabriela Faray Ferreira Lopes - Bibliotecária - CRB-7/6643

Todos os direitos reservados, no Brasil, por
GMT Editores Ltda.
Rua Voluntários da Pátria, 45 – Gr. 1.404 – Botafogo
22270-000 – Rio de Janeiro – RJ
Tel.: (21) 2538-4100 – Fax: (21) 2286-9244
E-mail: atendimento@sextante.com.br
www.sextante.com.br

Sumário

Apresentação	7
Por que compreender as finanças?	11
As três principais demonstrações financeiras	**17**
Métodos de contabilidade	19
Demonstração do resultado do exercício	21
Balanço patrimonial	25
Demonstração dos fluxos de caixa	31
Usando as demonstrações para medir a saúde financeira da empresa	**41**
Índices de lucratividade	43
Índices de eficiência	45
Índices de liquidez	46
Índices de alavancagem	48
Outras medidas da saúde financeira	49

Preparando um orçamento — 57
Orçamentos de cima para baixo e de baixo para cima — 59
Como começar — 60
Articule suas premissas básicas — 63
Quantifique as premissas básicas — 69

Calculando o retorno sobre o investimento (ROI) — 75
Custos e benefícios — 76
Prazo de retorno do investimento — 79
Valor presente líquido e taxa interna de retorno — 80
Valor presente líquido — 82
Taxa interna de retorno — 84
Análise do ponto de equilíbrio — 85
Análise de sensibilidade — 87
Avaliando custos e benefícios não quantificáveis — 90

Monitorando o desempenho — 93
Desempenho de um investimento — 93
Desempenho de uma divisão existente — 96
Previsões — 97

Teste seus conhecimentos — 101
Respostas do teste — 106

Glossário básico — 109
Indicações de leitura — 123
Fontes — 126

Apresentação

Qualquer que seja o cargo que ocupa na empresa, você vai desempenhá-lo melhor se compreender os conceitos financeiros básicos e assim poderá dar contribuições mais efetivas para que a empresa cresça e lucre mais.

Este livro explica os conceitos básicos de finanças. Ele não vai fazer de você um especialista financeiro, mas vai ajudá-lo a:

- Compreender as três principais demonstrações financeiras.

- Avaliar a saúde financeira da empresa.

- Pesar os custos e os benefícios antes de comprometer recursos em um projeto.

- Considerar os riscos financeiros ao tomar decisões.
- Calcular o desempenho futuro da empresa.
- Acompanhar os investimentos em relação às previsões do orçamento.

Por que compreender as finanças?

Por que compreender as finanças?

O aspecto financeiro tem importância para toda e qualquer empresa, pois todas precisam ganhar e gastar dinheiro para fazer negócios. Do lado da entrada de dinheiro, um gestor inteligente considera perguntas do tipo:

- Que proporção do dinheiro vem do capital dos proprietários? Quanto vem das vendas? Quanto vem de empréstimos?

- Quais linhas de produtos e quais regiões trazem os maiores lucros? Quais não têm bom desempenho?

- Quanto tempo demora para recebermos o pagamentos dos clientes?

E, do lado dos gastos:

- Os custos estão adequados? Estamos gastando as quantias certas com pessoal e em ativos físicos, como espaço de escritório e computadores?

- Se tivéssemos que investir em apenas uma entre várias oportunidades de crescimento, como determinar qual delas geraria mais valor?

- Se aumentássemos a produção em 20%, será que ganharíamos 20% mais?

O departamento financeiro da empresa (ou o contador, se for uma firma bem pequena) elabora demonstrações financeiras, orçamentos e previsões. Compreendendo esses documentos, você vai obter as informações necessárias para fazer as perguntas essenciais e tomar decisões inteligentes para a sua divisão, o seu departamento ou a sua equipe.

Note que as finanças usam um jargão que talvez você não conheça bem. Há termos diferentes que significam exatamente a mesma coisa, como lucros e ganhos ou prejuízos e perdas. Se você não tem certeza sobre o significado de um termo, procure no "Glossário básico", no final do livro.

As três principais demonstrações financeiras

As três principais demonstrações financeiras

O objetivo básico de qualquer empresa é ganhar dinheiro. Assim, se você é gerente ou administrador, parte do seu trabalho consiste em ajudar a empresa a obter lucro – idealmente, lucros maiores a cada ano.

É claro que você pode trabalhar em uma organização sem fins lucrativos ou no setor público, setores nos quais ganhar dinheiro não é o objetivo mais importante. Mesmo assim, terá que administrar o dinheiro que entra e o que sai.

Qualquer que seja o seu cargo ou departamento, você pode melhorar a saúde financeira da empresa reduzindo a despesa, aumentando a receita ou fazendo as duas coisas. Também pode ajudar a empresa a fazer bons investimentos e utilizar seus recursos com inteligência e bom senso. Os melhores gestores não se limitam a monitorar o orçamento. Eles procuram a combinação certa de controle de custos, aumento das vendas e mais eficiência no uso dos ativos. Eles compreendem de onde vêm as receitas, como o dinheiro é gasto e qual é o lucro da empresa. E sabem se a empresa está se saindo bem na tarefa de transformar *lucro* em *dinheiro*. (Não, não são a mesma coisa. Vamos explicar a diferença adiante.)

Para se informar sobre tudo isso, os gestores contam com basicamente três documentos: a demonstração do resultado do exercício, o balanço patrimonial e a demonstração dos fluxos de caixa. São as chamadas **demonstrações financeiras**. As empresas de capital aberto – ou seja, que têm suas ações negociadas em bolsa de valores – divulgam para o público geral um resumo das suas demonstrações financeiras, normalmente em base trimestral. As empresas de capital fechado – isto é, empresas que pertencem a uma só pessoa, uma família ou um pequeno grupo de investidores – em geral não divulgam suas demonstrações financeiras; porém quase todas as empresas geram demonstrações financeiras para uso interno.

Métodos de contabilidade

Você não precisa ser contador para compreender finanças, mas precisa conhecer alguns conceitos importantes sobre contabilidade.

Em primeiro lugar, as demonstrações financeiras seguem o mesmo formato geral em todas as empresas. Os itens listados podem variar um pouco, dependendo da natureza do negócio. No entanto, normalmente as demonstrações são tão semelhantes que se pode comparar vários desempenhos com facilidade. O motivo dessa semelhança é que todos os contadores seguem o mesmo conjunto de regras. No Brasil, essas regras são chamadas de **NBC** ou **Normas Brasileiras de Contabilidade**, sendo adotados também os BR GAAP ou **princípios contábeis geralmente aceitos no Brasil**.

Em segundo lugar, esses princípios permitem utilizar dois métodos diferentes de contabilidade. O **regime de caixa** em geral é usado por firmas muito pequenas. É um método bem simples: a firma contabiliza uma venda quando recebe dinheiro por um produto ou serviço e contabiliza um gasto quando faz um pagamento.

O outro método, o **regime de competência**, é um pouco mais complexo porém muito mais comum: a empresa contabiliza uma venda quando entrega o produto ou o serviço, não quando o dinheiro muda de mãos (isso pode acontecer só depois de um mês ou dois, quando o cliente paga). Também contabiliza um gasto quando *incorre* naquela despesa, não quando faz de fato o pagamento. O fundamento desse método é aquilo que os contadores chamam de princípio da correspondência: *fazer a correspondência entre cada despesa e a receita associada a essa despesa.*

Vejamos um exemplo. A Chapeleira Amalgamada, uma empresa fictícia que fabrica porta-chapéus que imitam chifres de alce, registra uma receita a cada vez que envia uma chapeleira com ganchos para um cliente. Mas, como esse cliente ainda não pagou, a receita sempre inclui uma estimativa do dinheiro que a empresa vai receber.

Quando encomenda 2 mil ganchos de latão de um fornecedor, a Chapeleira Amalgamada não contabiliza o gasto de todos esses ganchos de uma só vez, mas parte do gasto *a cada venda*. Se cada chapeleira tem cinco ganchos de latão, os contadores registram o custo de cinco ganchos a cada vez que uma chapeleira é vendida.

Por que usar o regime de competência? Porque esse método oferece uma imagem mais exata do lucro. Se você trabalha para uma empresa de porta-chapéus, vai querer saber se cada chapeleira vendida é lucrativa. Para responder a essa pergunta, você precisa monitorar os gastos incorridos e a receita obtida a cada vez que você fabrica uma chapeleira e a envia para um cliente.

Demonstração do resultado do exercício

A demonstração do resultado do exercício mostra se a empresa está lucrando, isto é, se ela está obtendo um resultado líquido positivo – segundo as regras do regime de competência. (*Resultado* é apenas outra palavra para *lucro* ou *prejuízo*, e é por isso que esse documento também é chamado de demonstração de lucros e perdas.) Ela mostra as receitas e as despesas da empresa, assim como os lucros e as perdas, dentro de um período específico, em geral um mês, um trimestre ou um ano.

De que modo a demonstração do resultado apresenta essa imagem dos lucros? Ela começa com a receita da empresa, ou o total de vendas líquidas (que são a mesma coisa), durante o período coberto. Passa então a listar os diversos custos, incluindo o custo de produção dos bens ou da prestação dos serviços, as despesas gerais indiretas, os impostos e assim por diante, e subtrai todos esses gastos da receita. O resultado financeiro, isto é, o que sobrou, é o resultado líquido ou lucro líquido. (Veja a Figura 1 a seguir: "Chapeleira Amalgamada – Demonstração do resultado do exercício".)

Vamos examinar melhor os itens listados na demonstração do resultado. O **custo dos produtos vendidos**, ou **CPV**, é o total pago pela Chapeleira Amalgamada para produzir os porta-chapéus. Isso inclui a matéria-prima, a mão de obra e quaisquer outros gastos diretamente relacionados com a produção.

Subtraindo o CPV da receita, obtemos o **lucro bruto**, que mostra quanto a empresa ganhou antes de pagar suas despesas gerais indiretas, impostos, etc. Podemos usar esse número para calcular a **margem bruta**, que não aparece na demonstração do resultado mas mesmo assim é um número importante. Basta dividir o lucro bruto pela receita. A margem bruta da Chapeleira Amalgamada é de R$1,6 milhão dividido por R$3,2 milhões, ou seja, 50%.

FIGURA 1

Chapeleira Amalgamada – Demonstração do resultado do exercício

	Exercício terminado em 31 de dezembro de 2022
Vendas no varejo	R$ 2.200.000
Vendas no atacado	1.000.000
Total de receitas das vendas	**3.200.000**
Menos: Custo dos produtos vendidos	1.600.000
Lucro bruto	**1.600.000**
Menos: Despesas operacionais	800.000
Menos: Depreciação	42.500
Lucro antes de juros e impostos	**757.500**
Menos: Despesas com juros	110.000
Lucro antes do imposto de renda	**647.500**
Menos: Imposto de renda	300.000
Resultado líquido	R$ **347.500**

Despesas operacionais – abrangem as despesas de vendas, gerais e administrativas (SG&A na sigla em inglês), financeiras, custos fixos ou despesas gerais indiretas, como os salários dos funcionários administrativos, aluguéis, despesas com vendas e marketing e quaisquer outros custos não diretamente atribuíveis à manufatura de um produto ou à prestação de um serviço. Os gastos com serviços telefônicos, por exemplo, estão incluídos nessa linha.

A **depreciação** é uma forma de estimar o custo de ativos de duração relativamente longa. Um sistema de informática, por exemplo, pode ter uma vida útil de três anos. Assim, não faria sentido contabilizar seu custo integral no primeiro ano. Em vez disso, a empresa dilui esse custo ao longo da vida útil do sistema. Se os contadores empregam um método simples de depreciação, será lançado um terço do custo total do sistema na demonstração do resultado a cada ano.

Subtraindo do lucro bruto as despesas operacionais e a depreciação obtemos o **resultado operacional**, também chamado de lucro antes de juros e imposto de renda (LAJIR).

Subtraindo do LAJIR as despesas com juros e imposto de renda, obtemos o **resultado líquido** ou lucro – o famoso **resultado financeiro**.

Balanço patrimonial

O balanço é como uma foto: ele resume a posição financeira da empresa em determinado momento, geralmente no último dia de um ano ou de um trimestre. Ele mostra o que a empresa *possui* (seus **ativos**), o que ela *deve* (seus **passivos**) e a diferença entre os dois, chamada de **patrimônio líquido**.

O balanço tem esse nome porque sempre apresenta um equilíbrio entre os dois pratos da balança – isto é, o total dos ativos deve ser igual ao total dos passivos mais o patrimônio líquido. Essa relação também é conhecida como equação fundamental da contabilidade e é a seguinte:

Ativo = passivo + patrimônio líquido

Vejamos por que essa equação é verdadeira. Os ativos são tudo que uma empresa possui, incluindo caixa, terrenos, edifícios, veículos, máquinas, computadores e até ativos intangíveis, como patentes (não inclui as pessoas, pois a empresa não é dona dos funcionários).

É claro que uma empresa precisa adquirir esses ativos. Para isso, ela pode utilizar capital próprio, ou seja, o dinheiro que os proprietários investiram nela mais o dinheiro que a empresa ganhou ao longo do tempo; ou então pode utilizar dinheiro emprestado. Na terminologia do balanço patrimonial, o dinheiro próprio é o patrimônio líquido e os recursos obtidos com empréstimos e dívidas são os passivos.

E, como não é possível obter uma coisa em troca de nada, o ativo deve ser igual ao passivo mais o patrimônio líquido. Se uma empresa tem 3 milhões de reais em ativos e 2 milhões de reais em passivos, ela deve ter um patrimônio líquido de 1 milhão de reais.

Os dados do balanço patrimonial são mais úteis quando comparados com as informações do ano anterior. Na Figura 2, "Chapeleira Amalgamada – Balanço Patrimonial em 31 de dezembro de 2022 e 2021", a comparação entre os números de 2022 e os de 2021 mostra que a empresa aumentou seu passivo total em R$ 74.000 e seu ativo total em R$ 471.500, resultando em um aumento no patrimônio líquido.

Vamos novamente examinar melhor os termos. O balanço começa listando os ativos mais líquidos: *caixa e valores mobiliários disponíveis imediatamente*, **contas a receber** (o que os clientes devem até a data do balanço) e *estoque*, além de quaisquer gastos que tenham sido antecipados (**despesas antecipadas**). Esses itens constituem o ativo circulante. Em seguida, o balanço computa os ativos com menor liquidez – por exemplo, edifícios e maquinário, chamados **ativos fixos**, **ativos imobilizados** ou **ativos de longo prazo**.

As empresas avaliam seus ativos fixos (propriedades, fábricas, maquinário) de acordo com o que custaram originalmente. Mas como todos os ativos fixos (exceto terrenos) se depreciam ao longo do tempo, a contabilidade também deve incluir nos balanços patrimoniais qualquer depreciação nesses ativos que tenha sido registrada até o momento. O total dos ativos fixos menos a depreciação acumulada é igual ao **ativo imobilizado líquido**, ou seja, o **valor contábil atual** dos ativos fixos da empresa.

FIGURA 2

Chapeleira Amalgamada – Balanço patrimonial em 31 de dezembro de 2022 e 2021

	2022	2021	Aumento (redução)
Ativos			
Caixa e valores mobiliários disponíveis imediatamente	R$ 652.500	486.500	166.000
Contas a receber	555.000	512.000	43.000
Estoque	835.000	755.000	80.000
Despesas antecipadas	123.000	98.000	25.000
Total do ativo circulante	**2.165.500**	**1.851.500**	**314.000**
Ativo imobilizado bruto	2.100.000	1.900.000	200.000
Menos: depreciação acumulada	333.000	290.500	(42.500)
Ativo imobilizado líquido	1.767.000	1.609.500	157.500
Total dos ativos	**R$ 3.932.500**	**3.461.000**	**471.500**

	2022	2021	Aumento (redução)
Passivos e patrimônio líquido			
Contas a pagar	R$ 450.000	40.000	20.000
Despesas acumuladas	98.000	77.000	21.000
Imposto de renda a pagar	17.000	9.000	8.000
Dívidas de curto prazo	435.000	500.000	(65.000)
Total do passivo circulante	**1.000.000**	**1.016.000**	**(16.000)**
Dívidas de longo prazo	750.000	660.000	90.000
Total do passivo	**1.750.000**	**1.676.000**	**74.000**
Capital integralizado	900.000	850.000	50.000
Lucros acumulados	1.282.500	935.000	347.500
Total do patrimônio líquido	**2.182.500**	**1.785.000**	**397.500**
Total do passivo mais patrimônio líquido	**R$ 3.932.500**	**R$ 3.461.000**	**R$ 471.500**

> ### DICA: DÍVIDAS DE CURTO PRAZO
>
> O balanço patrimonial faz uma distinção entre as dívidas de curto prazo e as de longo prazo. As dívidas de curto prazo devem ser pagas dentro de um ano ou menos. Incluem contas a pagar, promissórias de curto prazo, salários e imposto de renda.

Os itens listados como passivos e patrimônio líquido são bem fáceis de compreender. **Contas a pagar** são o que a empresa deve aos fornecedores; **imposto de renda a pagar** é o que ela deve ao governo. **Despesas acumuladas** são fundos devidos em salários ou outros custos não incluídos sob o título "contas a pagar". **Dívidas de curto prazo** são aquelas que devem ser pagas em no máximo um ano.

Esses itens constituem o **passivo circulante** da empresa. Subtraindo o passivo circulante do ativo circulante, obtemos o chamado **capital de giro**, que indica quanto dinheiro a empresa tem investido nas atividades operacionais. Assim, para 2022 a Chapeleira Amalgamada tinha

R$ 2.165.500 menos R$ 1.000.000, ou seja, R$ 1.165.500 em capital de giro.

A maior parte dos passivos de longo prazo são empréstimos de algum tipo, de modo que o balanço patrimonial mostra as dívidas de longo prazo e depois o **passivo total**, que é a soma do passivo circulante (dívidas atuais) com o passivo de longo prazo. O **patrimônio líquido**, como já vimos, é o total do capital que os acionistas investiram na empresa ao longo do tempo (**capital integralizado**) mais o que a empresa ganhou e reteve nos últimos anos (**lucros acumulados**).

Demonstração dos fluxos de caixa

A demonstração dos fluxos de caixa dá uma visão das contas da empresa. Como um extrato bancário, ela mostra quanto dinheiro havia disponível no início de um exercício e quanto havia disponível no fim dele. Mostra também de onde veio o dinheiro e em quê a empresa o gastou.

Se você trabalha em uma grande empresa, as alterações nos fluxos de caixa provavelmente não vão afetar o seu trabalho do dia a dia. Mesmo assim, é uma boa ideia ficar a par da demonstração e das projeções de fluxo de caixa, pois esses dados podem ser necessários quando você preparar seu orçamento para o próximo ano. Se as verbas estão apertadas, você provavelmente será solicitado a ser conservador nos gastos. Se houver folga de recursos, pode ser que você tenha oportunidades de fazer novos investimentos. O mesmo se aplica a pequenas firmas, é claro, que muitas vezes trabalham com um orçamento apertado. Mesmo que a empresa seja lucrativa, é comum que os proprietários não saibam se conseguirão honrar a folha de pagamento do mês.

A demonstração dos fluxos de caixa mostra até que ponto a empresa está transformando os lucros em dinheiro; e essa capacidade é, em última análise, o que mantém uma empresa solvente. Podemos ver na Figura 3, "Chapeleira Amalgamada – Demonstração dos fluxos de caixa – Exercício terminado em 31 de dezembro de 2022", que nesse ano a empresa gerou um aumento líquido de caixa da ordem de R$ 166.000. Note que isso *não* é a mesma coisa que o lucro líquido, que aparece na demonstração do resultado do exercício como R$ 347.500. A demonstração do resultado inclui a depreciação e outros itens que não envolvem o caixa. Ela registra as receitas e as despesas à medida que incorrem, e não quando o dinheiro muda de mãos. A demonstração dos fluxos de caixa mostra investimentos em ativos de capital, como maquinário, que só aparecem na demonstração do resultado à medida que esses ativos sofrem depreciação.

Note, porém, que a demonstração dos fluxos de caixa começa com o resultado líquido e, por meio de uma série de ajustes, traduz isso em caixa líquido. Por exemplo, ela inclui novamente a depreciação na conta, pois a depreciação é uma despesa que não envolve nenhum caixa. (Você não precisa se preocupar com os detalhes técnicos, mas, se estiver interessado, há muitos livros que explicam esse processo. Veja as indicações de leitura no final do livro.)

Vamos verificar novamente alguns termos fundamentais. A primeira grande categoria é o **fluxo de caixa operacional**. Isso significa todo o dinheiro que a empresa recebeu ou gastou nas operações em curso – isto é, dinheiro recebido dos clientes, dinheiro gasto em salários e materiais e assim por diante. O fluxo de caixa operacional é um ótimo indicador da saúde

FIGURA 3

Chapeleira Amalgamada – Demonstração dos fluxos de caixa – Exercício terminado em 31 de dezembro de 2022

	R$	
Resultado líquido		347.500
Atividades operacionais		
Contas a receber	(43.000)	
Estoque	(80.000)	
Despesas antecipadas	(25.000)	
Contas a pagar	20.000	
Despesas acumuladas	21.000	
Imposto de renda a pagar	8.000	
Despesas de depreciação	42.500	
Total das alterações no passivo e no ativo operacional		(56.500)
Fluxo de caixa operacional		291.000

Atividades de investimento

Venda de ativos imobilizados	267.000*
Gastos de capital	(467.000)
Fluxo de caixa de investimentos	(200.000)

Atividades de financiamento

Redução nas dívidas de curto prazo	(65.000)
Empréstimos de longo prazo	90.000
Capital social	50.000
Dividendos em dinheiro distribuídos aos acionistas	—
Fluxo de caixa das atividades de financiamento	75.000
Aumento do caixa durante o ano	R$ 166.000

* Presume que o preço de venda foi o valor contábil; a empresa ainda não havia começado a depreciar esse ativo.

financeira de uma empresa. Se for negativo, ela pode estar em sérias dificuldades. (Os números negativos na demonstração dos fluxos de caixa vêm entre parênteses.)

A segunda grande categoria é o **fluxo de caixa de investimentos**. "Investimentos", neste contexto, significa dinheiro gasto em bens como máquinas ou veículos e o dinheiro obtido com a venda de tais equipamentos. Para a maioria das empresas, o dinheiro das atividades de investimento deve ser um número negativo, pois isso significa que a empresa está investindo parte do caixa em ativos que vão gerar crescimento futuro.

A terceira grande categoria é o **fluxo de caixa de financiamento**. Isso inclui qualquer recurso recebido dos proprietários da empresa (acionistas) ou pago aos proprietários na forma de dividendos. Também inclui dinheiro recebido de empréstimos e dinheiro pago aos credores.

Se você somar as três grandes categorias, obterá o **aumento do caixa durante o ano**. É claro que para algumas empresas pode haver uma diminuição, especialmente se elas estiverem crescendo depressa e investindo pesado em ativos de capital. Esse número corresponde ao aumento ou à diminuição do caixa e dos demais ativos disponíveis, que aparecem na linha superior de uma comparação entre balanços relativos a dois anos.

Usando as demonstrações para medir a saúde financeira da empresa

Usando as demonstrações para medir a saúde financeira da empresa

As demonstrações financeiras oferecem visões diferentes, porém relacionadas, sobre a situação financeira da empresa.

- A demonstração do resultado do exercício mostra o resultado financeiro. Usando as regras da contabilidade, indica qual foi o lucro ou o prejuízo gerado pela empresa em determinado período – um mês, um trimestre ou um ano.

- O balanço patrimonial mostra se a empresa está solvente. Oferece uma espécie de "fotografia" dos ativos e passivos e do patrimônio líquido da empresa em determinado dia.

- A demonstração dos fluxos de caixa mostra quanto dinheiro a empresa está gerando. Também indica, em termos amplos, de onde veio o dinheiro e em quê está sendo usado.

Agora você está pronto para dar o próximo passo: interpretar os números oferecidos por essas demonstrações. Por exemplo, o lucro da empresa é grande ou pequeno? Seu nível de endividamento é saudável ou problemático? Você pode responder a essas perguntas por meio da análise de índices.

Um índice financeiro consiste apenas de dois números incluídos nas demonstrações financeiras, expressos em relação um ao outro. A seguir, mostramos os índices mais úteis para quase todos os setores. Se você quiser avaliar o desempenho da sua empresa, o modo mais significativo para isso é a comparação com outras empresas do mesmo setor.

Índices de lucratividade

Esses índices ajudam a avaliar a lucratividade de uma empresa, expressando o lucro como uma porcentagem de alguma outra coisa. Eles incluem:

- *Retorno sobre vendas*, ou seja, resultado líquido dividido pela receita. (Lembre-se de que na demonstração do resultado do exercício o resultado líquido significa simplesmente lucro.) Também conhecido como **margem de lucro líquido**, o retorno sobre vendas mede o lucro da empresa como porcentagem das vendas. Por exemplo, se uma empresa lucra R$10 a cada R$100 de vendas, esse índice é de 10/100, ou seja, 10%.
- *Rentabilidade dos ativos* ou *retorno sobre os ativos (ROA)*. É o resultado líquido dividido pelo total dos ativos (o total dos ativos consta no balanço patrimonial). Esse quociente indica a eficiência da empresa em utilizar seus ativos para gerar lucro.

- ***Retorno sobre o patrimônio líquido,*** ou seja, o resultado líquido dividido pelo patrimônio líquido. Mostra quanto lucro a empresa está gerando como porcentagem do investimento feito pelos proprietários.
- ***Margem de lucro bruto***, ou seja, o lucro bruto dividido pela receita. Esse índice reflete a lucratividade dos produtos ou serviços da empresa, sem considerar as despesas gerais indiretas e outras.
- ***Margem de lucro antes de juros e imposto de renda (LAJIR).*** É o lucro operacional dividido pela receita. Muitos analistas usam esse indicador, também conhecido como **margem operacional**, para saber qual a lucratividade das atividades operacionais da empresa.

Podemos usar esses índices para comparar empresas e também para acompanhar o desempenho de uma empresa ao longo do tempo. Um índice de lucratividade que está seguindo na direção errada em geral é sinal de problemas.

Índices de eficiência

Esses índices mostram qual é a eficiência da empresa na gestão de seus ativos e passivos. Incluem:

- **Giro dos ativos**, ou seja, as vendas líquidas divididas pelo total dos ativos. Quanto mais elevado o número, melhor a empresa emprega seus ativos para gerar receitas.
- **Prazo médio de recebimento**. Ou seja, o total das contas a receber (extraído do balanço patrimonial) dividido pela receita diária (receita anual dividida por 360). Esse índice mostra quanto tempo demora, em média, para uma empresa receber o dinheiro que lhe devem. Uma empresa que demora 45 dias para receber seus pagamentos precisa de um capital de giro bem maior do que outra que demora apenas 20 dias para receber.
- **Prazo médio de pagamento**. Ou seja, o total das contas a pagar dividido pelo custo dos produtos vendidos por dia. Esse índice mostra quantos dias a empresa demora, em média, para pagar seus fornecedores.

Quanto mais ela demora, por mais tempo pode aplicar o dinheiro. Naturalmente, o desejo de reter mais caixa precisa ser equilibrado com a necessidade de manter boas relações com os fornecedores.

- *Prazo médio de renovação de estoques,* ou seja, o estoque médio dividido pelo custo dos bens vendidos por dia e multiplicado por 360. Indica quanto tempo a empresa demora para vender a quantidade média de estoque armazenado. Quanto mais tempo ela demora para vender, mais dinheiro está imobilizado no estoque e maior a probabilidade de que ele não seja vendido pelo seu valor pleno.

Aqui também costuma ser útil comparar as alterações nesses índices de um período para o seguinte, além de acompanhar as tendências desses índices ao longo de três anos ou mais.

Índices de liquidez

Esses índices mostram a capacidade da empresa de cumprir suas obrigações financeiras atuais, como pagar dívidas, funcionários e fornecedores. Os índices incluem:

- Índice *de liquidez corrente*, ou seja, o total do ativo circulante dividido pelo passivo circulante. É uma medida muito importante da capacidade da empresa de pagar suas contas. É tão bem aceito pelos credores que em inglês também é chamado de "**banker's ratio**", algo como "índice dos banqueiros". De modo geral, um quociente mais elevado indica maior força financeira.
- Índice de *liquidez seca*, ou seja, o ativo circulante menos o estoque, sendo o resultado dividido pelo passivo circulante. Também conhecido como "teste ácido", mede a capacidade de uma empresa de dar conta do seu passivo rapidamente, isto é, pagar suas contas sem precisar liquidar o estoque.

Os credores não são os únicos interessados em examinar detalhadamente os índices de liquidez. Os fornecedores também costumam examiná-los antes de oferecer suas condições de crédito.

Índices de alavancagem

Esses índices mostram de que maneira e até que ponto uma empresa depende do crédito. A palavra alavancagem, nesse contexto, significa usar empréstimos para financiar um negócio ou realizar um investimento.

- Índice de *cobertura de juros*, ou seja, o lucro antes de juros e imposto de renda (LAJIR) dividido pelas despesas com juros. Esse índice mede a margem de segurança da empresa, mostrando quantas vezes ela poderia fazer seus pagamentos de juros usando o lucro operacional.
- *Relação dívida/patrimônio* ou *Coeficiente dívida bruta/patrimônio líquido.* É o passivo total dividido pelo patrimônio líquido. Mostra quanto uma empresa tomou emprestado, em comparação com o dinheiro investido pelos proprietários. Uma proporção elevada de dívida para capital próprio (em comparação com outras empresas do mesmo setor) pode ser preocupante; neste caso, diz-se que a empresa está altamente alavancada.

Quase todas as empresas tomam dinheiro emprestado em algum momento. Como uma casa com uma hipoteca, uma empresa pode usar suas dívidas para financiar investimentos que não poderia fazer de outra forma. A dívida só se torna problemática quando é elevada demais.

Outras medidas de saúde financeira

Outros métodos usados para estimar a saúde financeira de uma empresa incluem a avaliação da empresa, o valor econômico agregado (EVA, na sigla em inglês) e as medidas de crescimento e de produtividade. Assim como os índices que acabamos de mostrar, essas medidas são mais significativas quando comparamos empresas do mesmo setor ou analisamos o desempenho de uma empresa ao longo do tempo.

A **avaliação de empresas** (valuation) em geral se refere ao processo de determinar o valor total de uma companhia. O valor contábil é simplesmente o patrimônio líquido, como consta no balanço patrimonial; mas o valor de mercado de uma empresa – ou seja, o que um comprador pagaria por ela – pode ser bem diferente.

Uma empresa de capital aberto pode medir seu valor de mercado a cada dia: basta multiplicar a cotação de suas ações naquele dia pelo número de ações em circulação. Já uma empresa de capital fechado, ou alguém que esteja considerando adquirir uma empresa assim, precisa estimar seu valor de mercado. Um dos métodos para fazer isso consiste em estimar os fluxos de caixa futuros e então aplicar alguma taxa de juros para definir quanto aquele fluxo de caixa está valendo no momento. Um segundo método é avaliar os ativos da empresa – tanto os tangíveis quanto os intangíveis, como patentes ou listas de clientes. Um terceiro método é examinar o valor de mercado de empresas de capital aberto semelhantes.

É claro que uma empresa pode valer quantias diferentes para compradores diferentes. Se a empresa possui uma tecnologia exclusiva, por exemplo, um comprador que deseje possuir essa tecnologia para suas operações pode se dispor a pagar um preço mais elevado.

ANALISANDO AS DEMONSTRAÇÕES FINANCEIRAS

- Compare os números com os valores típicos do setor.

- Compare as suas demonstrações com as de outras empresas de tamanho semelhante.

- Observe as tendências: de que maneira as demonstrações mudaram desde o ano passado? E de três anos para cá?

A avaliação de empresas também se refere ao processo pelo qual investidores e analistas de mercado determinam qual "deveria" ser o valor de venda de uma empresa de capital aberto (do ponto de vista deles). Isso os ajuda a decidir se a atual cotação da ação dessa empresa no mercado representa um bom ou mau negócio. Analistas e investidores usam diversas medidas nesse processo, entre elas:

- ***Lucro por ação (LPA)***, ou seja, resultado líquido dividido pelo número de ações em circulação. Esse indicador é um dos mais

observados no desempenho financeiro de uma empresa. Se ele cair, provavelmente derrubará também a cotação da ação.
- *Índice preço/lucro (PL)*. É o preço atual de uma ação dividido pelo lucro por ação dos últimos 12 meses.
- *Indicadores de crescimento*, como um aumento na receita, no lucro ou no lucro por ação, de um ano para o outro. Uma empresa em crescimento provavelmente vai oferecer para os acionistas retornos crescentes ao longo do tempo.
- *Valor econômico agregado* (EVA, na sigla em inglês). Marca registrada da consultoria Stern, Stewart, indica a lucratividade da empresa depois de deduzido o custo do capital. Esse cálculo é bastante técnico.
- *Medidas de produtividade*. Vendas por funcionário e resultado líquido por funcionário são duas medidas que relacionam a receita e o lucro a dados relativos aos funcionários. As tendências mostradas por esses números podem sugerir uma eficiência operacional maior ou menor ao longo do tempo.

Financistas amam estatísticas, e esses são apenas alguns dos indicadores utilizados pelos profissionais, mas estão entre os mais comuns.

Preparando um orçamento

Preparando um orçamento

Um orçamento é um plano financeiro básico para se alcançarem objetivos de negócios.
O orçamento da sua divisão faz parte da estratégia geral da empresa. Portanto, você precisa compreender a estratégia da empresa para elaborar um orçamento útil. Há várias iniciativas que você pode tomar para aumentar a sua compreensão estratégica:

- *Preste atenção nas comunicações da diretoria executiva.* A maioria das empresas tenta comunicar pelo menos os pontos básicos da estratégia para todo o pessoal.

- *Observe o cenário econômico geral.* A estratégia de uma empresa durante uma recessão será diferente daquela adotada em uma situação econômica favorável. Ouça o que superiores e colegas têm a dizer sobre as vendas e a economia de modo geral e contribua com suas observações. Você recebe uma enxurrada de currículos? Ou está com dificuldade para encontrar profissionais qualificados? Os preços estão aumentando ou diminuindo?
- *Esteja atualizado com as tendências do setor.* Mesmo quando a economia está crescendo, alguns setores podem enfrentar dificuldades. O orçamento deve refletir o quadro real do seu setor.
- *Mergulhe nos valores da empresa.* Cada empresa tem seus valores, às vezes expressos de maneira formal e às vezes apenas como "É assim que fazemos as coisas por aqui". Um gestor inteligente vai incluir esses valores nas decisões. Digamos que o orçamento que você criou preveja demissões para corte de gastos ou uma reestruturação. Se a empresa considera que fazer cortes dessa

forma é contraproducente, sua proposta estará inutilizada logo de início.
- *Faça **análises SWOT**.* Quais são os pontos fortes da empresa? E os pontos fracos? Quais as oportunidades e as ameaças? Tenha em mente esses quatro aspectos ao elaborar o orçamento.

Todas essas técnicas devem ajudar a compreender o contexto no qual você vai elaborar o orçamento.

Orçamentos de cima para baixo e de baixo para cima

Nos **orçamentos feitos de cima para baixo** (top-down), a diretoria executiva define objetivos específicos para itens como resultado líquido, margem de lucro e despesas. Cada departamento pode ser solicitado, por exemplo, a limitar os aumentos de despesas a 6% acima dos níveis do ano anterior. Enquanto você prepara o orçamento, procure cumprir esses parâmetros e estude os planos gerais da empresa para vendas e marketing, bem como para custos e despesas. Esses objetivos fornecem a estrutura dentro da qual você deve trabalhar. Por exemplo, muitas empresas procuram melhorar a lucratividade a cada ano reduzindo as despesas como porcentagem da receita.

Nos **orçamentos feitos de baixo para cima** (bottom-up), os gestores não recebem metas específicas. Em vez disso, elaboram um orçamento que julgam adequado para atender às necessidades e aos objetivos estratégicos de seus departamentos. Esses orçamentos são então "compilados", formando um orçamento geral da empresa, que é então ajustado, sendo os pedidos de mudanças enviados de volta a cada departamento.

Esse processo pode se repetir diversas vezes. Não raro isso significa trabalhar estreitamente com departamentos que podem estar competindo com o seu por verbas limitadas. É bom ser cooperativo ao máximo durante esse processo, mas não hesite em lutar agressivamente pelas necessidades de seu departamento.

Como começar

Um orçamento deve ser ambicioso, porém realista. Não elabore um orçamento que você não vai conseguir cumprir – mas também não subestime as possibilidades. Vejamos como começar.

Em primeiro lugar, faça uma lista de três a cinco objetivos que você espera alcançar durante o período coberto pelo orçamento. Por exemplo:

- Aumentar as vendas brutas em 5%.
- Diminuir os custos administrativos como porcentagem da receita em três pontos.
- Reduzir os estoques em 2% até o fim do ano fiscal.

Você deve garantir que esses objetivos se alinhem com as prioridades estratégicas da empresa.

Em seguida, pense em como vai alcançar esses objetivos (nunca se esqueça de que um orçamento é apenas um plano com números). Como você poderia gerar mais receita? Vai precisar de mais vendedores? Como poderia cortar custos ou reduzir os estoques?

Quanto menor o departamento sobre o qual você se debruça, mais detalhes são necessários. Se você estiver elaborando um orçamento para um departamento de vendas de 12 pessoas, provavelmente não precisará se preocupar com gastos de capital, como grandes melhoramentos no edifício da sede. Mas deve incluir estimativas detalhadas dos custos de viagens, telefones e serviços públicos como água, luz e gás, assim como de material de escritório. À medida que você vai subindo de nível na empresa, o escopo do seu orçamento se amplia. Você poderá presumir que o chefe desse departamento com 12 pessoas já pensou nos cartuchos de impressora e no combustível para os carros dos vendedores. Seu trabalho agora será examinar itens do quadro geral, como sistemas de informática, e determinar de que forma todos esses orçamentos de menor escala vão se encaixar uns nos outros.

Outras questões a considerar ao preparar um orçamento:

- *Prazo*. O orçamento será apenas para este ano ou para os próximos cinco anos? Em geral, um orçamento se aplica apenas ao ano seguinte e é revisado a cada mês ou a cada trimestre.
- *Premissas básicas*. Em sua definição mais simples, um orçamento cria projeções para o futuro acrescentando premissas básicas aos dados atuais. Examine objetivamente as

hipóteses que está levantando. Digamos que você queira aumentar as vendas em 10% no próximo ano contratando duas pessoas novas. Explique a base dessa premissa e mostre sua relação com pelo menos um objetivo estratégico (neste caso, aumentar as vendas em determinada porcentagem).

Neste ponto, pode ser útil fazer um exercício de interpretação. Coloque-se na posição do gerente de uma divisão com recursos limitados e muitas solicitações de verbas. Nessas circunstâncias, que argumentos poderiam convencer você a atender ao pedido de contratar mais dois funcionários?

Articule suas premissas básicas

Para elaborar um orçamento, costuma-se tomar como ponto de partida o do ano anterior. Se você fosse o gerente da Chapeleira Amalgamada, por exemplo, poderia examinar o orçamento do ano passado em busca de ideias para aumentar o faturamento, cortar custos ou ambos. (Veja a Figura 4 a seguir. Os parênteses na tabela indicam variações negativas.)

FIGURA 4

Chapeleira Amalgamada – Divisão de Chifres de Alce

Orçamento 2022	Orçado	Realizado	Variação
VENDAS POR MODELO			
Chifre de Alce Luxo	R$ 237.000	R$ 208.560	R$ (28.440)
Chifre de Alce Padrão	320.225	329.832	9.607
Vertical Padrão	437.525	476.902	39.377
Circular Elétrico	125.000	81.250	(43.750)
Parede	80.000	70.400	(9.600)
Total de vendas	**R$ 1.199.750**	**R$ 1.166.944**	**R$ (32.806)**
CUSTO DOS PRODUTOS VENDIDOS			
Mão de obra direta	R$ 75.925	R$ 82.000	R$ (6.075)
Custos indiretos de fabricação	5.694	6.150	(456)
Matéria-prima	195.000	191.100	3.900
Custo total dos bens vendidos	**R$ 276.619**	**R$ 279.250**	**R$ (2.631)**

CUSTOS DE VENDAS, GERAIS E ADMINISTRATIVOS

Comissões de vendas	R$	300.000	R$	310.000	R$	(10.000)
Publicidade		135.000		140.000		(5.000)
Despesas diversas de vendas		3.400		2.500		900
Despesas de escritório		88.000		90.000		(2.000)
Total dos custos gerais	**R$**	**526.400**	**R$**	**542.500**	**R$**	**(16.100)**
Resultado operacional	R$	396.731	R$	345.194	R$	(51.537)

PASSOS PARA CRIAR UM ORÇAMENTO

1. Analise a estratégia geral da empresa.

2. Se a empresa faz orçamentos de cima para baixo (top-down), comece pelas metas que você recebeu da diretoria executiva. Se o orçamento é feito de baixo para cima (bottom-up), defina você mesmo as metas.

3. Articule suas premissas básicas.

4. Quantifique suas premissas básicas.

5. Revise: Os números batem? Você consegue defender seu orçamento tendo em vista os objetivos estratégicos da empresa?

Não examine apenas itens específicos de receitas ou de custos, pois a receita e os custos são estreitamente ligados. Em vez disso, pergunte a si mesmo o que o orçamento revela sobre as operações do ano passado. Como mostra a Figura 4, os modelos Chifre de Alce Padrão e Vertical Padrão ultrapassaram as expectativas de vendas para 2022. Talvez faça sentido elevar as projeções de vendas para esses produtos, especialmente se seus vendedores estiverem otimistas quanto a essas perspectivas. O modelo Vertical Padrão pode ser a melhor opção, já que superou as projeções para 2022 em 9%. Seria razoável aumentar as vendas antecipadas para esse modelo em 5% ou 10% para o próximo ano? Qual seria o acréscimo de gastos em vendas ou marketing para alcançar esse aumento? Para tomar essa decisão, você vai precisar obter o máximo de dados que conseguir sobre preços, concorrência, novos canais de venda e outros aspectos relevantes.

Como alternativa, você pode pensar em eliminar alguns produtos. O modelo Circular Elétrico, por exemplo, não está vendendo bem. Será que é melhor eliminar essa linha e promover o novo modelo de Parede? Isso geraria uma perda de R$ 81.250

DICA: REGISTRE O SEU RACIOCÍNIO

Enquanto você adéqua o orçamento ao formato exigido, vá documentando suas premissas básicas. É fácil perdê-las de vista durante a elaboração do orçamento, e você vai precisar explicá-las – e também revisá-las.

em vendas, mas, como custa caro produzir o modelo elétrico, descontinuá-lo talvez não tenha grande impacto no resultado financeiro.

Outras perguntas que você deve se fazer:

- Os preços serão mantidos, elevados ou reduzidos? Um aumento de preço de 3% poderia compensar a queda no total de vendas previsto para 2023, desde que a demanda não esfrie.
- Você planeja entrar em novos mercados, tentar alcançar novos consumidores ou usar novas estratégias de vendas? Qual seria o acréscimo esperado na receita com essas iniciativas? E quanto elas custariam?
- Haverá mudanças no custo dos produtos? Por exemplo, talvez você esteja planejando cortar o pessoal temporário e contratar mais funcionários fixos na fábrica. Ou talvez queira reduzir os custos salariais por meio da automação. Nesse caso, quanto custaria implantar essa automação?
- Os fornecedores estão propensos a aumentar ou a reduzir os preços? Você está planejando mudar para fornecedores de custo

mais baixo? Haverá impacto na qualidade? E, se isso acontecer, em quanto vai afetar as vendas?
- Será necessário melhorar os produtos para conseguir manter os clientes atuais?
- A equipe precisa de mais treinamento?
- Há planos para iniciar outros projetos ou realizar iniciativas especiais?

Articular claramente as respostas para perguntas desse tipo garante que suas premissas básicas não escapem de um exame detalhado. Essas respostas vão ajudar você a elaborar um orçamento com números que sejam o mais realistas possível.

Quantifique as premissas básicas

Agora você precisa transformar suas premissas e possibilidades de ação em valores monetários. Comece pelo orçamento do ano passado e faça as alterações de acordo com seus planos. Por exemplo, se toda a equipe de 12 pessoas precisa de treinamento em vendas, informe-se sobre o custo desse treinamento e acrescente essa quantia. Peça também as opiniões e ideias dos seus colegas sobre os custos e consulte sites ou publicações especializados, buscando dados sobre as médias do setor.

Como o orçamento precisa ser comparado e combinado com outros orçamentos de dentro da empresa, você provavelmente receberá um conjunto padronizado de itens a incluir. Depois que listar e preencher essas linhas, dê um passo para trás e observe o quadro geral:

MELHORES PRÁTICAS PARA ORÇAMENTOS

- *Mantenha o foco no objetivo principal.* Se o foco for aumentar as vendas, faça disso a preocupação principal do orçamento. Não deixe que outras questões desviem você dessa meta.
- *Seja realista.* A maioria dos gerentes bem que gostaria de dobrar as vendas ou cortar os gastos pela metade. Mas lembre-se: você será responsabilizado pelos resultados.
- *Peça ajuda.* Inclua seu pessoal na elaboração do orçamento. Eles podem ter conhecimentos mais aprofundados do que você sobre certos itens. O departamento financeiro também pode ajudar.

- ***Converse com a equipe.*** Não use o orçamento como substituto da comunicação regular com seu pessoal. Os membros da equipe devem ouvir diretamente de você as informações sobre verbas para os itens que os afetam.

Será que esse orçamento atende às metas da sua divisão? É fácil esquecer os objetivos maiores quando começamos a entrar nos detalhes, linha por linha. Você conseguiria defender seu orçamento? Talvez você próprio esteja muito satisfeito com ele, mas vai precisar convencer a comissão orçamentária. De novo, questione suas premissas básicas. Não bastaria apenas mais uma pessoa na equipe em vez de duas? Caso contrário, prepare seus argumentos explicando por que uma só não basta.

Calculando o retorno sobre o investimento

Calculando o retorno sobre o investimento

Imagine que a Chapeleira Amalgamada esteja estudando duas opções de investimento: comprar uma nova máquina ou criar uma nova linha de produtos. A nova máquina é uma extrusora de plástico que custa R$ 100.000. A empresa espera que ela proporcione economias de tempo e dinheiro a longo prazo, e também que seja mais segura do que o equipamento atual. A segunda possibilidade é lançar uma nova linha: ganchos para casacos, o que exigiria um investimento de R$ 250.000 em design de produtos, equipamentos de produção e marketing.

Como a empresa pode concluir se essas opções são sensatas economicamente? E, se ela puder investir em apenas uma, qual escolher?

A resposta é: calculando o **retorno sobre o investimento**, ou ROI. Isso significa avaliar quanto o investimento vai gerar, em comparação com seu custo.

Antes de começar uma análise do ROI, é importante compreender os custos e os benefícios da situação atual. Você deve pesar os benefícios relativos de cada investimento em relação às consequências – se houver alguma – de não realizar aquele investimento. Não presuma que o custo de não fazer nada é sempre alto. Mesmo que o novo investimento prometa um benefício significativo, sempre acarreta riscos. A curto prazo, o custo de não fazer nada – assim como o risco de não fazer nada – em geral é próximo de zero. É claro que os benefícios também são próximos de zero.

Custos e benefícios

Os cálculos do ROI sempre envolvem os seguintes passos:

1. Identificar todos os custos da nova aquisição ou oportunidade de negócios.
2. Avaliar a economia que será gerada.
3. Avaliar quanto o investimento proposto vai gerar de caixa.
4. Traçar um cronograma para os custos, as economias e os fluxos de caixa e usar a análise de sensibilidade (será explicado na página 87) para questionar suas premissas.
5. Avaliar os custos e os benefícios não quantificáveis.

Os primeiros três passos são bastante diretos na teoria, embora possam ser complicados na prática. Ao calcular os custos de um investimento, é preciso incluir os custos iniciais (por exemplo, a aquisição de uma máquina) e também as despesas geradas nos anos seguintes (como manutenção e modernização do equipamento). A economia pode vir de diversas origens, como maior produção por hora, qualidade mais alta (e, portanto, menos retrabalho) ou redução da mão de obra. O dinheiro gerado normalmente vem de novas vendas. Se você estiver calculando o ROI de uma campanha de marketing, por exemplo, precisará avaliar o efeito dessa campanha sobre a receita da empresa.

Pode ser difícil criar um cronograma para os custos, as economias e o aumento do fluxo de caixa, portanto você pode recorrer ao departamento financeiro para obter ajuda com essa etapa.

O passo 5 é, na verdade, apenas uma revisão dos outros quatro: Quais são os custos ou benefícios que você não consegue quantificar e de que maneira eles vão afetar a sua decisão? Por exemplo, certo investimento iria beneficiar ou prejudicar a reputação da empresa junto à comunidade, ou junto a possíveis novos funcionários?

Uma vez que tenha completado esses passos, você estará pronto para usar uma ou mais das ferramentas analíticas descritas neste capítulo: prazo de retorno do investimento (payback), valor presente líquido, taxa interna de retorno, análise do ponto de equilíbrio ou análise de sensibilidade. Vamos examinar os pontos fortes e fracos de cada uma dessas ferramentas para que você compreenda as noções básicas; mas talvez você possa pedir a um colega do departamento financeiro para ajudar nos cálculos.

Prazo de retorno do investimento

O **prazo de retorno do investimento** indica quanto tempo é preciso esperar até recuperar o investimento. Para calculá-lo, divida o investimento inicial pelo fluxo de caixa médio esperado ou pela economia de custos anual. Por exemplo, se uma nova máquina extrusora vai custar R$ 100.000 e gerar para a Chapeleira Amalgamada uma economia de R$ 18.000 por ano, então o prazo de retorno é de 5,56 anos. (Veja a Tabela 1, "Chapeleira Amalgamada – Economia com a extrusora".)

A análise do prazo de retorno é o método mais simples para avaliar um possível investimento e serve principalmente para excluir opções. Por exemplo, se a máquina tiver uma vida útil provável de apenas cinco anos, obviamente será um investimento ruim, já que o prazo de retorno desse investimento seria mais longo do que isso. Mas a análise do prazo de retorno não indica qual é a taxa de retorno sobre o investimento. Também não leva em consideração o valor do dinheiro no tempo, pois compara gastos feitos hoje com ganhos que vão entrar no futuro. (Vamos abordar esse ponto com mais detalhes na próxima seção.)

TABELA 1

Chapeleira Amalgamada – Economia com a extrusora

Ano	Economia	Economia acumulada
1	R$ 18.000	R$ 18.000
2	18.000	36.000
3	18.000	54.000
4	18.000	72.000
5	18.000	90.000
6	18.000	108.000
7	18.000	126.000

Valor presente líquido e taxa interna de retorno

O **valor presente líquido** (VPL) e a **taxa interna de retorno** (TIR) são ferramentas analíticas muito valiosas, mas podem ser bastante complexas. Como a maioria das calculadoras e planilhas realiza esses cálculos, vamos descrever essas ferramentas apenas em termos gerais.

Considere o princípio subjacente a ambos os métodos: o valor do dinheiro no tempo. Esse princípio afirma que 1 real que você recebe hoje vale mais do que 1 real que você espera receber no futuro. E o motivo é o seguinte: mesmo esquecendo a inflação, se você tiver 1 real hoje, pode gastá-lo ou investi-lo de imediato; mas não pode fazer isso com 1 real a receber no futuro. E cada real que você espera receber no futuro implica algum grau de risco. Por exemplo, a pessoa ou instituição que lhe deve talvez não consiga honrar o pagamento quando chegar o momento.

Mas não é possível avaliar uma nova oportunidade de negócios sem calcular o valor do dinheiro que você espera que essa oportunidade vá gerar. Assim, é preciso haver um método para expressar as quantias futuras em termos de quantias atuais. É isso que permitem os cálculos do VPL e da TIR.

Suponhamos que a Chapeleira Amalgamada espera que uma nova linha de ganchos para casacos vá gerar R$ 60.000 de caixa por ano, começando daqui a um ano e continuando por cinco anos. Eis aqui as perguntas principais a responder: Considerando esse fluxo de caixa antecipado e R$ 250.000 em custos iniciais, seria uma nova linha de ganchos a maneira mais produtiva de investir esses R$ 250.000? Ou será que a Chapeleira Amalgamada lucraria mais investindo na máquina extrusora ou em alguma outra coisa?

Valor presente líquido (VPL)

O cálculo do valor presente líquido *desconta* os R$ 300 mil do fluxo de caixa esperado a fim de expressar de maneira precisa esse valor em dinheiro de hoje. Quanto deveria ser descontado? As empresas em geral definem uma taxa mínima de atratividade, que corresponde a uma expectativa razoável de lucro sobre os seus investimentos. (A taxa é sempre bem superior ao lucro que obteriam em qualquer investimento de risco relativamente baixo, como a compra de títulos do governo.) Digamos que o diretor financeiro da Chapeleira Amalgamada tenha definido essa taxa mínima de atratividade em 6%.

Sendo assim, o desembolso inicial é de R$ 250.000; o retorno esperado é de R$ 60 mil por ano durante cinco anos; e a taxa de desconto é de 6%. Se você entrar com esses números na função VPL de uma calculadora ou planilha, o programa vai lhe dar o VPL resultante. Se for um número positivo – e se nenhum outro investimento estiver sendo estudado –, a empresa deve realizar o investimento. O VPL para uma nova linha de ganchos para casacos é de R$ 2.742, sugerindo que seria um investimento atraente.

Mas o que dizer do outro investimento que a Chapeleira Amalgamada está estudando – a extrusora de plástico de R$ 100.000? A uma taxa de desconto de 6% e uma economia de R$ 18.000 por ano durante sete anos, o VPL é de cerca de R$ 483, ou seja, alcança uma faixa positiva bem baixa. Quando comparamos o VPL dos dois investimentos, vemos que ambos são números positivos, mas o dos ganchos para casacos é superior. Se a empresa puder fazer apenas um desses dois investimentos, deve optar pela nova linha de ganchos.

A taxa de desconto aplicada faz uma grande diferença no cálculo do VPL. Suponha que a taxa fosse de 10% em vez de 6%. Nesse caso, o VPL da extrusora seria de -R$ 12.368, transformando assim um investimento razoável em um péssimo negócio.

Taxa interna de retorno (TIR)

A TIR se baseia na mesma fórmula do VPL, mas com uma diferença: ao calcular o VPL, você já sabe a taxa de retorno desejada – que é a taxa de desconto – e a aplica para definir quanto valeriam hoje os seus fluxos de caixa futuros. Com a TIR, você basicamente coloca o VPL em 0 e resolve a equação para a taxa de retorno *real*. Uma planilha ou calculadora também realiza esse cálculo. Se o valor da TIR for maior do que a taxa mínima de atratividade determinada pela empresa, o investimento provavelmente será interessante, embora você ainda precise compará-lo com outras opções.

Sendo assim, qual seria uma taxa de retorno razoável para a Chapeleira Amalgamada esperar de sua nova linha de ganchos? Segundo o cálculo da TIR, seria de 6,4%, ou seja, ligeiramente superior à taxa de desconto. Dessa forma, esse seria um bom investimento. Mas, novamente, cuidado: não seria um bom investimento se a taxa mínima de atratividade fosse de 10%.

Análise do ponto de equilíbrio

A **análise do ponto de equilíbrio** é útil quando um investimento que está sendo avaliado vai permitir que você venda algo novo ou um volume maior de algo que você já oferece. Essa análise mostra quanto (ou quanto mais) você precisaria vender a fim de pagar pelo investimento fixo – ou seja, quando você vai atingir o ponto de equilíbrio. Com essa informação em mãos, você pode examinar a demanda do mercado, bem como a fatia de mercado dos seus concorrentes, para definir se é realista esperar um aumento nas vendas desse montante.

Em primeiro lugar, vamos colocar o objetivo em termos mais precisos. Estamos tentando definir o volume de vendas no qual a contribuição incremental de determinada linha de produtos se iguala ao custo total do investimento. "Contribuição", neste contexto, significa a receita obtida de cada unidade vendida menos os custos variáveis dessa unidade. Os **custos variáveis** incluem o custo das matérias-primas e de qualquer mão de obra envolvida diretamente na produção daquela unidade.

Aqui estão os passos:

- Subtraia o custo variável por unidade da receita gerada por unidade. Você obterá assim a contribuição unitária.
- Divida seu investimento total pela contribuição unitária.

O quociente será o volume necessário para alcançar o ponto de equilíbrio, expresso como o número de unidades (ou de unidades adicionais) que devem ser vendidas para cobrir o custo do investimento.

Suponhamos que os novos ganchos para casacos sejam vendidos por R$ 75 cada um e que o custo variável por unidade é de R$ 22. A Figura 5, "Cálculo do ponto de equilíbrio", mostra como definir o volume de vendas necessário para alcançar esse ponto.

Nessa altura dos cálculos, a Chapeleira Amalgamada deve decidir se esse volume é viável. Será razoável esperar vendas superiores a 4.717 unidades? Em caso positivo, dentro de quanto tempo? E o que será necessário fazer para que isso aconteça?

Para calcular o volume de ponto de equilíbrio para a máquina extrusora, você teria que definir a contribuição unitária como economia por unidade. Se a nova máquina vai economizar R$ 10 na fabricação de unidade, então o volume para alcançar o ponto de equilíbrio será de R$ 100.000 dividido por R$ 10, ou seja, 10 mil unidades.

FIGURA 5

Cálculo do ponto de equilíbrio

R$ 75 (receita por unidade)
− R$ 22 (custo variável por unidade)

R$ 53 (contribuição unitária)

R$ 250.000 (total do investimento necessário)
÷ 53 (contribuição unitária)

4.717 ganchos (volume a vender para se alcançar o ponto de equilíbrio)

Análise de sensibilidade

Como já notamos, a Chapeleira Amalgamada espera que sua nova linha de ganchos para casacos comece a gerar R$ 60.000 em fluxos de caixa anuais, começando daqui a um ano. Mas e se houver alterações em alguma variável do cenário? Como isso afetaria a avaliação dessa oportunidade de investimento? A análise de sensibilidade permite pensar nas consequências que determinadas alterações exerceriam sobre suas premissas básicas.

Imagine que o pessoal da Chapeleira Amalgamada discorde quanto às perspectivas para a nova linha de ganchos para casacos. Sérgio Pires é o vice-presidente da divisão de Chifres de Alce da empresa. Caberia a ele supervisionar a nova linha de produtos e é ele quem está projetando R$ 60.000 em fluxo de caixa anual durante cinco anos. Natasha Rubskaya, a diretora financeira da empresa, não é tão otimista quanto a esse investimento, sobretudo por julgar que Sérgio Pires subestimou drasticamente os custos de marketing necessários para dar apoio à nova linha de produtos. Ela projeta um fluxo de caixa anual de apenas R$ 45.000. Temos ainda Teodoro Alceu, vice-presidente sênior para desenvolvimento de novos negócios. Sempre otimista, ele está convencido de que esses ganchos vão vender muito bem, gerando um fluxo de caixa anual de R$ 75.000.

Assim, a Chapeleira Amalgamada realiza uma análise de sensibilidade usando os três cenários. O VPL para Sérgio Pires seria de R$ 2.742. Para Natasha, seria de -R$ 60.444 (um valor negativo). Para Teodoro Alceu, seria de R$ 65.927.

Se Natasha Rubskaya tiver razão, esses ganchos não valem o investimento. Se algum dos outros dois tiver razão, o investimento vai valer a pena, dando um lucro razoável segundo as projeções de Sérgio Pires e um lucro generoso segundo Teodoro Alceu. É aqui que o discernimento pessoal entra em ação. Se Natasha Rubskaya já tiver demonstrado ser a pessoa mais confiável dos três quando se trata de fazer estimativas, o diretor executivo da firma pode aceitar as projeções dela quanto ao potencial da nova linha. Mas, seja qual for o caminho que o diretor executivo decidir tomar, a análise de sensibilidade oferece uma visão mais aprofundada do investimento e de como ele seria afetado por certas alterações nas premissas básicas. É possível projetar alterações nas outras variáveis com igual facilidade.

Avaliando custos e benefícios não quantificáveis

Os números nunca contam a história inteira, portanto a análise do ROI deve levar em conta também os fatores qualitativos. Será que a nova oportunidade é coerente com a missão da empresa? Será que a equipe gestora poderia assumir uma nova linha de produtos sem perder o foco? Às vezes, fatores aparentemente impossíveis de quantificar podem ser estimados numericamente, pelo menos de modo geral. Suponhamos que você está avaliando um investimento a fazer em um novo banco de dados e tentando julgar qual seria o valor das informações que ele ofereceria. Você pode buscar um número aproximado que represente o valor do tempo dos funcionários que foi economizado. Pode também estimar o valor de uma maior retenção de clientes graças a uma melhor compreensão das tendências de compra. Você pode incorporar estimativas desse tipo nos cálculos do ROI; mas, mesmo que decida não fazer isso, elas podem ser úteis quando você for defender a necessidade desse investimento.

Monitorando o desempenho

Monitorando o desempenho

Quando você elabora um orçamento ou decide fazer um investimento, pode ter certeza de uma coisa: os números não serão exatamente como você previu. Daí a importância de acompanhar os resultados. Se houver uma discrepância significativa entre o orçado e o realizado, você pode tomar medidas corretivas. Se os resultados estiverem mais ou menos no rumo certo, você pode ter confiança de que está no controle da situação.

Desempenho de um investimento

Quando você avalia um novo investimento, está planejando para o longo prazo – normalmente mais de um ano. Mas, se você monitorar as projeções mensalmente, poderá perceber as variações mais cedo.

Considere a nova divisão de ganchos para casacos da Chapeleira Amalgamada. A equipe gestora acabou usando a projeção otimista de fluxo de caixa de Teodoro Alceu, de R$ 75.000 por ano (ou seja, R$ 6.250 por mês), como base para o investimento. A Tabela 2, "Chapeleira Amalgamada – Divisão de Ganchos para Casacos – Resultados de janeiro de 2022", mostra a situação dos negócios no início do primeiro trimestre. (Para simplificar, vamos presumir que o lucro operacional é equivalente às projeções de fluxo de caixa usadas para os cálculos do VPL.)

A divisão está se saindo razoavelmente bem em relação às receitas e ao custo dos bens vendidos. A variação negativa mais significativa é na linha das despesas com marketing. É difícil ter certeza partindo apenas dos números do primeiro mês: será essa variação só um caso único ou será sazonal? Será que a Chapeleira Amalgamada terá que gastar mais em marketing do que foi previsto?

Se o ROI se desvia do esperado – e essa tendência a custos inesperadamente altos (ou receita inesperadamente baixa) dá sinais de que vai continuar, pode ser necessário corrigir o rumo. A Chapeleira Amalgamada pode decidir reduzir os gastos de marketing ou então continuar gastando nesse mesmo nível, recalcular o fluxo de caixa esperado e verificar se o investimento continua fazendo sentido. Como a projeção de Teodoro Alceu foi muito otimista, a empresa tem alguma margem de manobra antes ser obrigada a concluir que fez um mau investimento.

TABELA 2

Chapeleira Amalgamada – Divisão de Ganchos para Casacos – Resultados de janeiro de 2022

Item	Orçado janeiro	Realizado janeiro	Variação
Receita – ganchos	R$ 39.000	R$ 38.725	R$ (275)
Custo dos produtos vendidos	19.500	19.200	300
Lucro bruto	19.500	19.525	25
Marketing	8.500	10.100	(1.600)
Despesas administrativas	4.750	4.320	430
Total das despesas operacionais	13.250	14.420	(1.170)
Lucro operacional	**R$ 6.250**	**R$ 5.105**	**R$ (1.145)**

Desempenho de uma divisão existente

Acompanhar o orçamento de uma divisão já estabelecida requer muitos desses mesmos procedimentos. É preciso monitorar os resultados, de modo a poder fazer ajustes nos gastos ou nas operações o mais rápido possível. Quando um item realizado constitui uma surpresa em relação ao que foi orçado, pergunte primeiro se o motivo se relaciona com o momento em que ocorreu. Ou seja: será essa uma discrepância vista apenas nesse mês, ou será um problema de longo prazo?

Se você acha que foi uma exceção, não precisa se preocupar demais, pois a situação deve se corrigir sozinha. Apenas observe de perto esse item nos meses seguintes. No entanto, se a variação não for uma exceção, você precisa descobrir por que está ocorrendo. Talvez as despesas sejam maiores do que as previsões do orçamento porque as vendas aumentaram muito; nesse caso, o excesso de despesas seria um fato positivo, não negativo. Por outro lado, talvez sua projeção não tenha sido muito bem-feita e agora você precisa encontrar uma forma de equilibrar as coisas. Será que você consegue reduzir os gastos em outros itens para compensar os que ultrapassaram as verbas orçadas?

> **DICA: ENCONTROU DISCREPÂNCIAS? PEÇA AJUDA**
>
> Envolva os membros da equipe para estudar as variações. Eles provavelmente darão boas ideias sobre o que está acontecendo e o que fazer a respeito.

Previsões

Além de comparar os resultados reais com o orçamento previsto, você precisa atualizar suas projeções com os novos dados, a fim de elaborar previsões. Mas não jogue fora as estimativas antigas durante esse processo. No ano que vem, quando chegar a hora de fazer o novo orçamento, você poderá avaliar até que ponto suas premissas iniciais foram acertadas. Com isso, poderá melhorar suas estimativas da próxima vez.

Se durante o ano os resultados estiverem muito distantes do orçamento previsto – e se suas previsões não mostrarem uma correção –, avise à diretoria executiva. Explique os motivos dessas discrepâncias e qual a sua proposta para compensá-las. Dessa maneira a diretoria poderá ajustar as previsões para toda a empresa e talvez lhe dar uma orientação para lidar com essas variações.

Teste seus conhecimentos

Teste seus conhecimentos

A seguir você encontrará 10 perguntas de múltipla escolha para ajudar a avaliar seus conhecimentos sobre os pontos essenciais relacionados a finanças e orçamento. As respostas vêm logo depois do teste.

1. **Se você quiser contabilizar os custos relacionados a uma venda durante o período em que a venda foi feita, qual método de contabilidade você usará?**
   a. Regime de competência
   b. Regime de caixa

2. **Quais dos seguintes itens seriam incluídos no custo dos produtos vendidos?**
   a. Salários dos funcionários administrativos
   b. Custos de vendas e marketing
   c. Aluguéis
   d. Custo da mão de obra para produzir o produto
   e. Custos de publicidade

3. **Na maioria dos sistemas de contabilidade, o passivo de curto prazo ou passivo circulante são as obrigações que devem ser pagas em menos de:**
   a. Um mês
   b. Três meses
   c. Um ano

4. **A demonstração do resultado do exercício revela se a empresa está obtendo lucro. O que a demonstração dos fluxos de caixa evidencia?**
   a. A eficiência com que a empresa está utilizando seus ativos.
   b. Se a empresa está transformando os lucros em dinheiro.

c. Se a empresa está administrando bem o seu passivo.

5. **Muitos analistas dão grande importância a um índice que mostra qual a lucratividade das atividades operacionais de uma empresa. Qual é esse índice?**
   a. Índice de liquidez seca
   b. Contas a receber
   c. Margem de LAJIR

6. **Na empresa ABC, os chefes de divisão elaboram orçamentos para seus departamentos relacionados aos objetivos gerais de desempenho da empresa. Esse tipo de orçamento seria de cima para baixo (top-down) ou de baixo para cima (bottom-up)?**
   a. De cima para baixo
   b. De baixo para cima

7. **Quando você começa a preparar o orçamento do seu departamento, seu gerente vem lembrá-lo de considerar o "escopo" do orçamento. O que significa "escopo"?**
   a. O contexto do orçamento proposto, ou

seja, de três a cinco objetivos que ele pretende atingir.

b. A parte da empresa que o orçamento deve cobrir e que nível de detalhamento deve incluir.

c. Se o orçamento inclui receita e lucros, bem como os custos operacionais do departamento.

8. **Quando você está analisando o ROI, a avaliação do prazo de retorno do investimento pode ajudar a descartar os maus investimentos. Qual é a principal desvantagem desse método?**

a. Ele ignora o valor do dinheiro no tempo.

b. Ele não diz quanto tempo vai demorar até o investimento alcançar o ponto de equilíbrio.

c. Pode ser usado apenas para avaliar possíveis investimentos de capital, mas não outros tipos de oportunidades de negócios.

9. **A empresa estuda um investimento que poderia permitir à sua divisão vender mais unidades de um novo software**

de monitoramento introduzido no ano passado. Seu supervisor pediu que você determine quantas unidades a empresa teria que vender para recuperar esse investimento. Qual método analítico poderia ajudar a dar uma resposta?

a. Análise do ponto de equilíbrio
b. Análise do Valor Presente Líquido
c. Análise da Taxa Interna de Retorno

10. **Para monitorar seu orçamento, você precisa realizar três passos mensalmente. O Passo 2 está faltando na lista abaixo. Qual é esse passo?**

Passo 1. Avaliar o desempenho mensal da receita e dos gastos.

Passo 2. _____.

Passo 3. Definir se e quando o resultado financeiro será afetado por quaisquer variações.

a. Avaliar os gastos de capital da empresa.

b. Revisar sua previsão para o próximo trimestre.

c. Encontrar as variações positivas e negativas, comparando o realizado com o orçado.

Respostas do teste

1: **a.** Segundo o regime de competência, os custos são relacionados com as vendas a eles associadas quer o dinheiro seja realmente recebido ou pago durante esse período ou não. Ao associar as despesas com as receitas dentro do mesmo período, o regime de competência ajuda o gestor a compreender qual é a lucratividade dos produtos ou serviços da empresa.

2: **d.** O custo da mão de obra para a produção de um produto é considerado parte do custo dos produtos vendidos. Esse custo inclui as matérias-primas, a mão de obra e outros custos diretamente atribuíveis à fabricação de um produto ou à prestação de um serviço.

3. **c.** Em geral os passivos de curto prazo têm

que ser pagos dentro de um ano ou menos. Os passivos de longo prazo estendem-se por mais tempo e incluem itens como hipotecas e títulos de longo prazo.

4. **b.** A demonstração dos fluxos de caixa indica até que ponto a empresa é eficiente em transformar seus lucros em dinheiro.

5. **c.** Muitos analistas usam a margem de LAJIR (lucro antes de juros e imposto de renda), também conhecida como margem operacional, para avaliar a lucratividade das operações da empresa.

6: **a.** Na elaboração do orçamento de cima para baixo (top-down), a diretoria executiva fixa objetivos específicos de desempenho para cada divisão. Por exemplo, o gestor de uma divisão pode ser solicitado a limitar o aumento das despesas em no máximo 5% acima das despesas do ano anterior. Cabe a ele preparar um orçamento dentro desses limites.

7: **b.** O escopo implica duas coisas: a parte da empresa que o orçamento deve cobrir e o nível de detalhamento.

8: **a.** Como a análise do prazo de retorno do investimento ignora o valor do dinheiro no tempo, ela não oferece uma imagem econômica tão exata quanto outras ferramentas mais sofisticadas, como o valor presente líquido (VPL) e a taxa interna de retorno (TIR).

9: **a.** A análise do ponto de equilíbrio indica qual é a quantidade de um produto (ou a quantidade adicional de um produto) que precisa ser vendida para pagar o investimento que já foi feito nele. Em outras palavras, em qual momento você vai chegar ao ponto de equilíbrio financeiro. Você poderá então examinar o histórico de vendas e recorrer ao seu conhecimento do mercado para determinar se é realista esperar esse volume de vendas para alcançar o ponto de equilíbrio.

10: **c.** O Passo 2 consiste em comparar os números previstos no orçamento com os números reais e calcular as variações. Pode-se então determinar até que ponto essas discrepâncias vão afetar o seu resultado financeiro.

Glossário básico

Alavancagem financeira. Indica quanto os ativos de uma empresa são financiados por dívidas. Uma empresa com um alto coeficiente dívida bruta/patrimônio líquido (comparado aos padrões do setor) é considerada altamente alavancada.

Alocação de custos. Processo de divisão dos custos em determinada categoria entre vários centros de custo, em geral com base no uso. Por exemplo, despesas gerais indiretas, como aluguéis e serviços públicos (água, gás, eletricidade, etc.), podem ser alocadas a cada departamento de acordo com a metragem que este ocupa.

Amortização. Despesa incluída na demonstração do resultado do exercício referente a uma parte do custo de um ativo intangível, como uma patente.

Análise de índices ou **análise por quocientes.** Meio de analisar as informações contidas nas três demonstrações financeiras. Um índice financeiro é a expressão da relação entre dois números básicos das demonstrações financeiras de uma empresa.

Análise SWOT. Avaliação das forças, fraquezas, oportunidades e ameaças de uma empresa. (Da sigla em inglês para *strengths, weaknesses, opportunities* e *threats*.)

Aporte de capital. Fundos recebidos em troca de ações de uma empresa.

Ativo circulante. Ativos que podem ser facilmente convertidos em dinheiro, incluindo dinheiro em caixa, contas a receber e estoque.

Ativo imobilizado ou **ativo fixo.** Ativos difíceis de serem convertidos em dinheiro, como edifícios e equipamentos.

Ativos. Os recursos econômicos de uma empresa. Os ativos incluem caixa, contas a receber, estoque, terrenos, edifícios, veículos, maquinário, equipamentos e outros investimentos.

Avaliação de empresas. Cálculo do valor de uma empresa para fins de aquisição, venda ou investimento.

Balanço patrimonial (BP). Documento que resume a posição financeira de uma empresa – ativos, passivos e patrimônio líquido – em determinado momento. Segundo a equação fundamental do balanço patrimonial, os ativos de uma empresa equivalem à soma do passivo e do patrimônio líquido.

Banker's ratio. Veja *Índice de liquidez corrente*.

Capital de giro. Indica a liquidez no dia a dia de uma empresa. É igual à diferença entre o ativo circulante e o passivo circulante.

Capital integralizado. Veja *Aporte de capital*.

Capital próprio. Veja *Patrimônio líquido*.

Contas a pagar. Dinheiro que a empresa deve aos fornecedores.

Contas a receber. Dinheiro que a empresa tem a receber por bens vendidos ou serviços prestados.

Contribuição unitária. Na análise do custo de um produto, é a receita gerada por unidade menos o custo variável de cada unidade; o montante de dinheiro disponível para contribuir para os custos fixos.

Crescimento. Aumento na receita, no lucro ou no patrimônio líquido de uma empresa.

Custo das mercadorias vendidas (CMV). Custos de produtos comprados para revenda.

Custo do capital. A taxa de retorno que uma empresa deve pagar aos seus investidores ou credores para obter financiamento. A empresa calcula o *custo médio ponderado do capital* levando em conta fatores como a taxa média de juros da dívida, a taxa de retorno esperada sobre o capital e a alíquota dos impostos.

Custo dos produtos vendidos (CPV). Custos diretamente associados à fabricação de um produto.

Custo dos serviços prestados (CSP). Custos diretamente associados à prestação de um serviço.

Custos diretos. Custos diretamente atribuíveis à fabricação de um produto ou prestação de um serviço. Por exemplo, o custo do plástico para um fabricante de garrafas ou o custo dos serviços de um técnico em uma copiadora.

Custos fixos. Custos que permanecem constantes a curto prazo seja qual for o volume de vendas; incluem salários administrativos, juros, aluguéis e seguros.

Custos indiretos. Custos que não podem ser atribuídos diretamente à fabricação de um produto ou à prestação de um serviço.

Custos variáveis. Custos que variam de acordo com o volume de vendas, como o custo de matérias-primas e de comissões de vendas.

Demonstração dos fluxos de caixa (DFC). Documento que mostra de onde vem e para onde vai o dinheiro de uma empresa.

Demonstração de lucros e perdas. Veja *Demonstração do resultado do exercício*.

Demonstração do resultado do exercício (DRE). Relatório que mostra as receitas, as despesas e o lucro de uma empresa durante dado período, em geral um mês, um trimestre ou um ano. Também já foi chamada de demonstração de lucros e perdas.

Demonstrações financeiras. Relatórios do desempenho financeiro de uma empresa. As três principais demonstrações financeiras são a demonstração do resultado do exercício, o balanço patrimonial e a demonstração dos fluxos de caixa. Elas contêm informações relacionadas, mas oferecem perspectivas diferentes sobre o desempenho da empresa.

Depreciação. Despesa incluída na demonstração do resultado do exercício que representa parte do custo de um ativo tangível, como um edifício ou uma máquina. O custo de um ativo tangível é lançado ao longo da sua vida útil estimada.

Despesa incorrida e não paga. Valor lançado como despesa em determinado período contábil, porém não pago até o final desse período. Integra o passivo da empresa.

Despesas de capital ou **despesas de investimento em ativos de capital.** Pagamentos para adquirir ou modernizar ativos fixos.

Despesas gerais indiretas. Veja *Custos fixos*.

Despesas operacionais. Custos que não são diretamente atribuídos à fabricação de um produto ou prestação de um serviço, como salários administrativos, aluguéis, despesas com vendas e marketing.

Dívida. Dinheiro devido a um credor.

Dividendo. Pagamento (no mínimo anual) aos acionistas de uma empresa, como retorno sobre o seu investimento.

Estoque. Material que será fabricado e/ou vendido, como mercadorias em uma loja, produtos acabados em um depósito, produtos em fabricação e matérias-primas.

Exercício fiscal ou **exercício social.** Período contábil (corresponde a um ano) em que ao final se calculam os resultados do período e se define o lucro ou o prejuízo apurado.

Fatura. Conta enviada ao comprador pela aquisição de produtos ou por serviços prestados.

Fluxo de caixa operacional. O movimento líquido de caixa gerado pelas operações da empresa, em contraste com o caixa relacionado aos seus investimentos ou financiamentos.

Giro dos ativos. Medida que indica a eficiência do uso dos ativos por uma empresa. Para calcular esse indicador, divida as vendas pelos ativos. De modo geral, quanto maior o número, melhor.

Índice de cobertura de juros. Indicador da margem de segurança de uma empresa em relação às despesas com juros – especificamente, indica quantas vezes uma empresa poderia realizar seus pagamentos de juros usando o lucro operacional atual. Para calcular o índice, divida LAJIR pela despesa com juros.

Índice de liquidez corrente. Comparação do ativo circulante com o passivo circulante de uma empresa. Para calcular esse índice, divida o total do ativo circulante pelo total do passivo circulante.

Índice de liquidez seca (também conhecido como "teste ácido"). Indicador da capacidade de uma empresa de pagar suas obrigações de curto prazo. Para calcular o índice, divida o total do ativo circulante menos o estoque pelo passivo circulante.

Índice preço/lucro (P/L). Valor atual de uma ação dividido pelo lucro por ação (LPA) dos últimos 12 meses. Esse índice ajuda a comparar o valor das ações de diferentes empresas.

Índice preço/valor patrimonial (P/VPA). Quociente que compara o valor de mercado de uma empresa com seu valor conforme indicado pelo patrimônio líquido.

Índices de alavancagem. Coeficientes relacionados ao uso da dívida de uma empresa, como o índice de cobertura de juros e o coeficiente dívida bruta/patrimônio líquido. Ajudam a avaliar a capacidade de uma empresa de pagar suas dívidas.

Índices de eficiência. Indicadores financeiros que relacionam vários dados da demonstração do resultado do exercício e do balanço patrimonial a fim de medir a eficiência operacional de uma empresa. Exemplos incluem giro dos ativos, prazo médio de recebimento, prazo médio de pagamento e prazo médio de renovação de estoques.

Índices de lucratividade. Indicadores do nível de lucratividade de uma empresa, em que os lucros são expressos como uma porcentagem de vários outros itens. Entre os exemplos estão a rentabilidade dos ativos, o retorno sobre o patrimônio líquido e o retorno sobre as vendas.

Índices de produtividade. Indicadores – como vendas por funcionário e lucro líquido por funcionário – que relacionam informações sobre a receita e o lucro aos dados relativos ao pessoal da empresa.

Lucro antes de juros e imposto de renda (LAJIR). Veja *Lucro operacional*.

Lucro antes dos impostos. Resultado líquido antes do imposto de renda.

Lucro bruto. Valor resultante da diferença entre a receita e o custo dos produtos vendidos.

Lucro líquido ou **resultado líquido.** O lucro de uma empresa depois de se deduzir da receita todas as despesas, incluindo juros e impostos.

Lucro operacional. Valor restante depois que todos os custos operacionais são deduzidos da receita. Também conhecido como lucro antes de juros e imposto de renda (LAJIR), ou EBIT na sigla em inglês (*earnings before interest and taxes*).

Lucro por ação (LPA). Lucro líquido dividido pelo número de ações de uma empresa em circulação. É um dos indicadores mais comuns do desempenho financeiro de uma empresa de capital aberto.

Lucros acumulados. O total dos lucros retidos, após a dedução do imposto de renda (e não distribuídos como dividendos), desde a fundação da empresa.

Margem bruta. Lucro bruto como porcentagem da receita.

Margem de lucro líquido. Veja *Retorno sobre as vendas*.

Orçamento de baixo para cima (bottom-up). Processo em que os gestores elaboram os orçamentos que melhor atendam às necessidades e aos objetivos dos seus respectivos departamentos ou divisões. Todos esses orçamentos são então somados, gerando um orçamento geral da empresa, o qual, depois de ajustado, tem pedidos de mudanças enviados de volta a cada departamento.

Orçamento de cima para baixo (top-down). Processo em que a diretoria executiva estabelece metas específicas para itens como resultado líquido, margem de lucro e despesas. Os gerentes de cada divisão então preparam seus orçamentos dentro desses parâmetros.

Passivo. Conjunto de obrigações financeiras de uma empresa, incluindo contas a pagar, empréstimos e hipotecas.

Patrimônio líquido. Diferença entre o valor dos ativos e dos passivos de uma empresa. No balanço patrimonial, também é chamado de capital próprio.

Ponto de equilíbrio. Volume em que a contribuição total de uma linha de produtos é igual ao total dos seus custos fixos. Para calcular o ponto de equilíbrio, subtraia o custo variável de cada unidade do preço de venda a fim de determinar a contribuição unitária; divida então o total dos custos fixos pela contribuição unitária. O ponto de equilíbrio de um investimento é o momento em que o caixa líquido proveniente de um investimento equivale ao seu custo.

Prazo de retorno do investimento. O tempo necessário para recuperar o custo de um investimento de capital.

Prazo médio de pagamento. Indica quantos dias uma empresa leva, em média, para pagar seus fornecedores. Para calcular o índice, divida o total das contas a pagar pelo custo dos produtos vendidos por dia.

Prazo médio de recebimento. Indica quanto tempo, em média, uma empresa leva para receber por suas vendas. Para calcular o índice, divida as contas a receber pela receita diária.

Prazo médio de renovação de estoques. Medida que indica quanto tempo uma empresa leva para vender a quantidade média de mercadorias em estoque durante determinado período. Para calcular o índice, divida o estoque médio pelo custo dos produtos vendidos por dia.

Princípios contábeis geralmente aceitos (BR GAAP). Princípios fundamentais de contabilidade; regras e convenções seguidas pelos contadores ao lançar e resumir transações e preparar demonstrações financeiras. No Brasil, também devem ser seguidas as Normas Brasileiras de Contabilidade (NBC).

Provisão. Quantia lançada como despesa incorrida em dado período contábil e ainda não paga ao final desse período.

Receita. Primeira linha da demonstração do resultado do exercício. Indica o valor dos produtos vendidos ou serviços prestados durante o período analisado.

Regime de caixa. Método contábil em que receitas e despesas são lançadas somente quando o dinheiro realmente muda de mãos. Esse regime é usado apenas por empresas muito pequenas.

Regime de competência. Método contábil em que receitas e despesas são lançadas assim que geradas, independentemente de quando foram de fato recebidas ou pagas. As receitas são lançadas no período em que os bens e serviços são entregues; as despesas são lançadas no mesmo período das receitas a que se relacionam.

Relação dívida/patrimônio ou **coeficiente dívida bruta/patrimônio líquido.** Relação entre os empréstimos em aberto de uma empresa e seu patrimônio líquido. Para calcular, divida o total do passivo pelo patrimônio líquido.

Rentabilidade dos ativos ou **retorno dos ativos** (**ROA**, na sigla em inglês). Indicador da produtividade dos ativos de uma empresa. Para calcular o índice, divida o resultado líquido pelo total de ativos da empresa.

Retorno sobre as vendas. Indicador da eficiência geral de uma empresa em gerar lucro. Também conhecido como margem de lucro líquido. Para calcular o índice, divida o resultado líquido pelo total das vendas.

Retorno sobre o patrimônio líquido (**ROE**, na sigla em inglês). Indicador da produtividade do patrimônio da empresa. Para calcular o índice, divida o resultado líquido pelo patrimônio líquido.

Taxa interna de retorno (**TIR**). Taxa de desconto em que o valor presente líquido (VPL) de um investimento é igual a zero.

Taxa mínima de atratividade. Valor mínimo definido por uma empresa como taxa de retorno sobre seus investimentos.

Valor contábil. Valor de um ativo conforme registrado no balanço patrimonial. O valor contábil de um novo ativo é seu preço de compra, porém desse montante é deduzida a cada ano a depreciação correspondente. Portanto, o valor contábil de um ativo em dado momento é o seu custo menos a depreciação acumulada.

Valor do dinheiro no tempo. Princípio segundo o qual uma quantia de dinheiro recebida hoje vale mais do que a mesma quantia que se espera receber em algum momento no futuro.

Valor econômico agregado. Resultado líquido menos o custo do capital de uma empresa.

Valor presente líquido (VPL). O valor atual estimado de um investimento. Para calcular, subtraia o custo do investimento do valor atual dos rendimentos futuros do investimento.

Vendas. Troca de bens e serviços por dinheiro.

Indicações de leitura

Nós recomendamos:

Berman, Karen; Knight, Joe; Case, John. *Financial Intelligence: A Manager's Guide to Knowing What the Numbers Really Mean*. Ed. revista. Boston: Harvard Business Review Press, 2013.

Nesse livro sobre inteligência financeira, os autores ensinam os conceitos básicos de finanças, mas com uma diferença. Elaborar demonstrações financeiras, segundo eles, é uma arte tanto quanto uma ciência. Como ninguém consegue codificar tudo, os contadores sempre dependem de estimativas, de premissas básicas e do próprio discernimento. Um gestor inteligente precisa saber de que maneira essas causas de possíveis distorções podem afetar os elementos financeiros. Enquanto explica os fundamentos para uma compreensão profunda do lado financeiro dos negócios, o livro também oferece aos gerentes estratégias práticas para melhorar o desempenho da empresa. São estratégias, como gestão do balanço, bem compreendidas pelos profissionais de finanças porém raramente compartilhadas com os colegas que não são da área.

Harvard Business School Publishing. *HBR Guide to Finance Basics for Managers*. Boston: Harvard Business Review Press, 2012.

Esse volume da série HBR Guide explica as demonstrações financeiras e mostra como utilizar as informações que elas contêm para tomar melhores decisões. Entre os tópicos abordados estão: aumentar os lucros agilizando e desburocratizando a empresa; colocar seus ativos para trabalhar, aumentando assim o crescimento; compreender as alavancas do balanço patrimonial; e, ainda, aprender a falar a linguagem do ROI, o retorno sobre o investimento. O livro também investiga o que as demonstrações financeiras *não* dizem, bem como as "cinco armadilhas" das medidas de desempenho.

As seguintes obras (organizadas em ordem cronológica inversa) também podem ser úteis:

Mason, Roger. *Finanças para gestores não financeiros: Aprenda em uma semana, lembre por toda a vida*. São Paulo: Saraiva, 2014.

Matias, Anthony J. *Budgeting and Forecasting: The*

Quick Reference Handbook. Cambridge, MA: Matias & Associates, 2012.

Shoffner, H. George; Shelly, Susan; Cooke, Robert A. *The McGraw-Hill 36-Hour Course: Finance for Non-Financial Managers*. 3ª ed. Nova York: McGraw-Hill, 2011.

Fields, Edward. *The Essentials of Finance and Accounting for Nonfinancial Managers*. 2ª ed. Nova York: Amacom Books, 2011.

Weaver, Samuel C.; Weston, J. Fred. *Finance and Accounting for Nonfinancial Managers*. Nova York: McGraw-Hill, 2004.

Siciliano, Gene. *Finance for Non-Financial Managers. Brief-case Books Series*. Nova York: McGraw-Hill Briefcase Books, 2003.

Kemp, Sid; Dunbar, Eric. *Budgeting for Managers. Brief-case Books Series*. Nova York: McGraw-Hill Briefcase Books, 2003.

Fontes

Harvard Business School Publishing. *Harvard Manage-Mentor*. Boston: Harvard Business Publishing, 2002.

Harvard Business School Publishing. *HBR Guide to Finance Basics for Managers*. Boston: Harvard Business Review Press, 2012.

Harvard Business School Publishing. *Pocket Mentor: Understanding Finance*. Boston: Harvard Business School Press, 2006.

CONHEÇA OS TÍTULOS DA *HARVARD BUSINESS REVIEW*

10 leituras essenciais

Desafios da gestão
Gerenciando pessoas
Gerenciando a si mesmo
Para novos gerentes
Inteligência emocional
Desafios da liderança
Lições de estratégia
Gerenciando vendas
Força mental

Um guia acima da média

Negociações eficazes
Apresentações convincentes
Como lidar com a política no trabalho
A arte de dar feedback
Faça o trabalho que precisa ser feito
A arte de escrever bem no trabalho

Sua Carreira em 20 Minutos

Conversas desafiadoras
Gestão do tempo
Feedbacks produtivos
Reuniões objetivas
Finanças para iniciantes
Produtividade no trabalho

Coleção Inteligência Emocional

Resiliência
Empatia
Mindfulness
Felicidade

Para saber mais sobre os títulos e autores da Editora Sextante,
visite o nosso site e siga as nossas redes sociais.
Além de informações sobre os próximos lançamentos,
você terá acesso a conteúdos exclusivos
e poderá participar de promoções e sorteios.

sextante.com.br